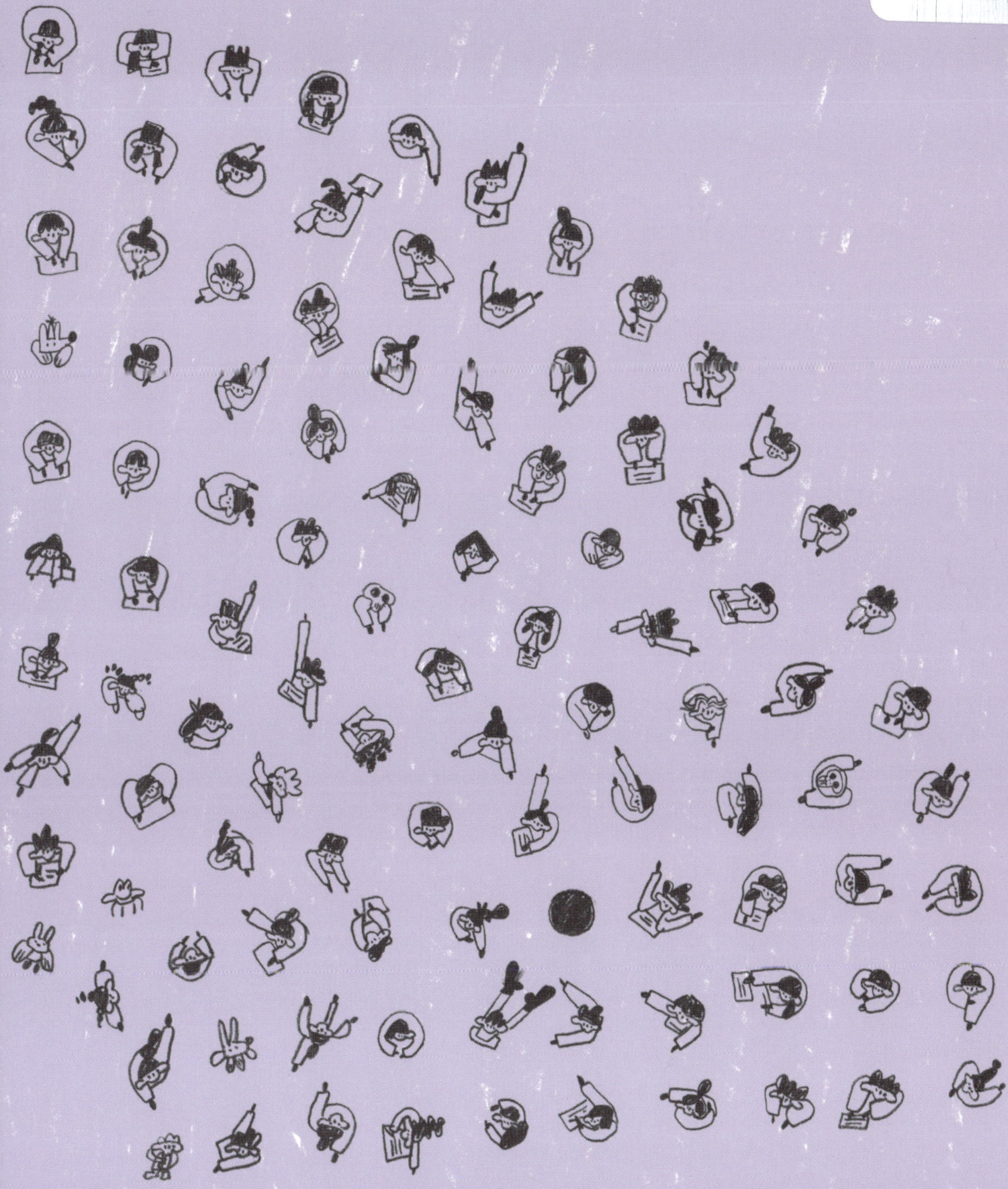

봄날 지식그림책 01

처음 만나는 민주주의
안녕, 미래의 국회의원!

초판 1쇄 인쇄 2025년 9월 12일 **초판 1쇄 발행** 2025년 10월 2일
글 이사벨 미뉴스 마르틴스 **그림** 카롤리나 셀라스 **옮김** 김여진
펴낸이 박지예 **편집** 차정민, 박지예 **감수** 하승우 **디자인** 김세희
펴낸곳 봄날의곰 **출판등록** 2022년 9월 6일 제 2022-000047호 **주소** 서울시 강동구 구천면로 365-13
전화 02-6052-2545 **팩스** 0504-220-2545 **전자우편** bomnaregom.books@gmail.com
블로그 blog.naver.com/bomnaregombooks **인스타그램** @bomnaregom.books
ISBN 979-11-93912-11-9 77870

DEPUTADOS DO FUTURO, OLÁ!
First published in Portugal by Edições Assembleia da República integrated in
the series Mission: Democracy (volume 6: Member of Parliament)
Text © 2024 Isabel Minhós Martins
Illustrations © 2024 Carolina Celas
All rights reserved.
Korean translation copyright ©2025 Bomnaregom Books.
This Korean edition was published by arrangement with Birds of a Feather Agency, Portugal
through The ChoiceMaker Korea Co.

이 책의 한국어판 저작권은 초이스메이커코리아를 통해 저작권사와의 독점 계약으로 봄날의곰에 있습니다.
저작권법에 의해 한국 내에서 보호를 받는 저작물이므로 무단전재와 복제를 금합니다.
이 책 내용의 일부 혹은 전부를 사용하려면 반드시 저작권사와 출판사 양측의 서면 동의를 받아야 합니다.

 이 책은 포르투갈 DGLAB의 그림책 출판 지원 프로그램의 도움을 받아 제작하였습니다.

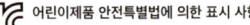 **어린이제품 안전특별법에 의한 표시 사항**
제품명: 도서 **제조국명**: 대한민국 **사용연령**: 3세 이상 **주의**: 책 모서리에 찍히거나 책장에 베이지 않게 조심하세요.

처음 만나는 민주주의

안녕, 미래의 국회의원!

이사벨 미뉴스 마르틴스 글 · 카롤리나 셀라스 그림
김여진 옮김 · 하승우 감수

봄날의곰
Bomnaregom Books

모든 국회의원은 한때 운동장에서 뛰어놀던 어린이였어.

(생각해 본 적 없겠지만, 한번 상상해 봐.)

지금 신나게 뛰어노는 아이들을 보면 이런 질문들이 머릿속에 떠오를 거야.

놀면서 무슨 생각을 할까? 미래를 상상하기도 할까?

수업 종이 안 울리길 바랄까?

공부를 잘할까? 반에서 인기가 많을까?

친구와 다투면 먼저 손 내밀고 화해할까?

너희도 한 번쯤 생각해 본 적 있을 거야. 그렇지?

우리는 또 다른 질문들도 떠올리게 될 거야.

이 아이들은 20년, 30년 뒤에는 무슨 일을 하고 있을까?

누군가는 자라서 국회의원이 되겠지? 누가 되면 좋을 것 같아?

아니면 누가 국회의원이 되지 않으면 좋겠어? 왜 그렇게 생각했니?

이런 질문을 떠올리기만 해도 웃길 거야. (나도 웃겨!) 하지만 생각해 봐.
현재의 국회의원들이 한때 운동장에서 놀던 어린이였듯이,
미래의 국회의원들도 바로 지금 운동장에서 노는 어린이일 거야.

잠시 멈춰 서서 차분히 생각해 보자. 곰곰이 따져 보고 가장 현명한 선택을 하려는 거야.
결국 우리 중에 누군가가 미래의 국회의원이 되는 거잖아.
모두가 살기 좋은 나라에서 더 나은 삶을 살도록 힘써 줄 사람!
법안*을 제안하고 표결*하는 사람이 바로 지금 우리랑 놀고 있는 거야.

*법안 : 모두가 지킬 규칙을 만들기 위해 국회에서 제안하는 계획
*표결 : 어떤 계획이나 규칙에 찬성하는지 반대하는지 투표로 결정하는 것

누가 미래의 국회의원이 될지 아직은 모르니까,
일단은 운동장에 있는 아이들을 전부 부르는 게 좋겠어.
모두가 알아야 할 엄청 중요한 일이거든.

"애들아, 이쪽으로 모여 볼래?"

"더 큰 소리로 불러야 할까?"

"얘들아, 몇 번을 더 불러야 하지?"

자, 모였으면 이제부터 잘 들어 봐.
미래의 국회의원이 될 어린이라면
꼭 기억해야 할 열 가지를
지금부터 말해 줄게.

"좋은 생각 있는 사람?"

1. 차례 지키기

미래의 국회의원이라면 어릴 때부터 다른 사람과
번갈아 가며 차례를 지키는 법을 배워야 해.
그네를 탈 때처럼 말이지. 공놀이도 마찬가지야.
내 차례는 언제나 아주 잠깐이야.
평생 자기 차례일 수는 없어.
모든 국민이 주인인 민주주의 나라에서는
반드시 지켜야 할 약속이지.

"패스해 줘!"

가장 어려운 일은 모두에게 공평한 해결책을 찾는 거지.
그 어려운 일을 해내려면 먼저 한 명도 빠짐없이
의견을 들어봐야 해.

3. 함께하기

미래의 국회의원이라면 여러 사람의
의견을 잘 들어야 한다고 했지?
그래야 모두에게 좋은 해결책을 찾을 테니까.
그런데 어려운 부분이 있으면 어떻게 할까?
주변에 질문하고 기꺼이 도움을 청할 수 있어야 해.
백지장도 맞들면 낫다는 말처럼
아무리 쉬운 일도 혼자보다
여럿이 하는 게 나으니까!

화장실이 아무리 급해도
줄을 서서 기다리기로 했지?
너무 급하다고?
다른 사람도 똑같이 급할 거야.

4. 자유롭게 의견 말하기

그런데 만약 화장실이 턱없이 부족하다면? 상황을 바꿀 방법을 찾아야겠지. 모두가 불편하지 않도록 누구라도 나서서 의견을 말해야 해. 그래서 사람들이 광장에 모여 시위를 하는거야.

5. 포기하지 않기

뜻대로 안 된다고 떼를 써도 소용없어.
모든 길엔 걸림돌이 있고,
모든 모험엔 위험이 숨어 있는 법이지.

4. 자유롭게 의견 말하기

그런데 만약 화장실이 턱없이 부족하다면? 상황을 바꿀 방법을 찾아야겠지. 모두가 불편하지 않도록 누구라도 나서서 의견을 말해야 해. 그래서 사람들이 광장에 모여 시위를 하는거야.

5. 포기하지 않기

뜻대로 안 된다고 떼를 써도 소용없어.
모든 길엔 걸림돌이 있고,
모든 모험엔 위험이 숨어 있는 법이지.

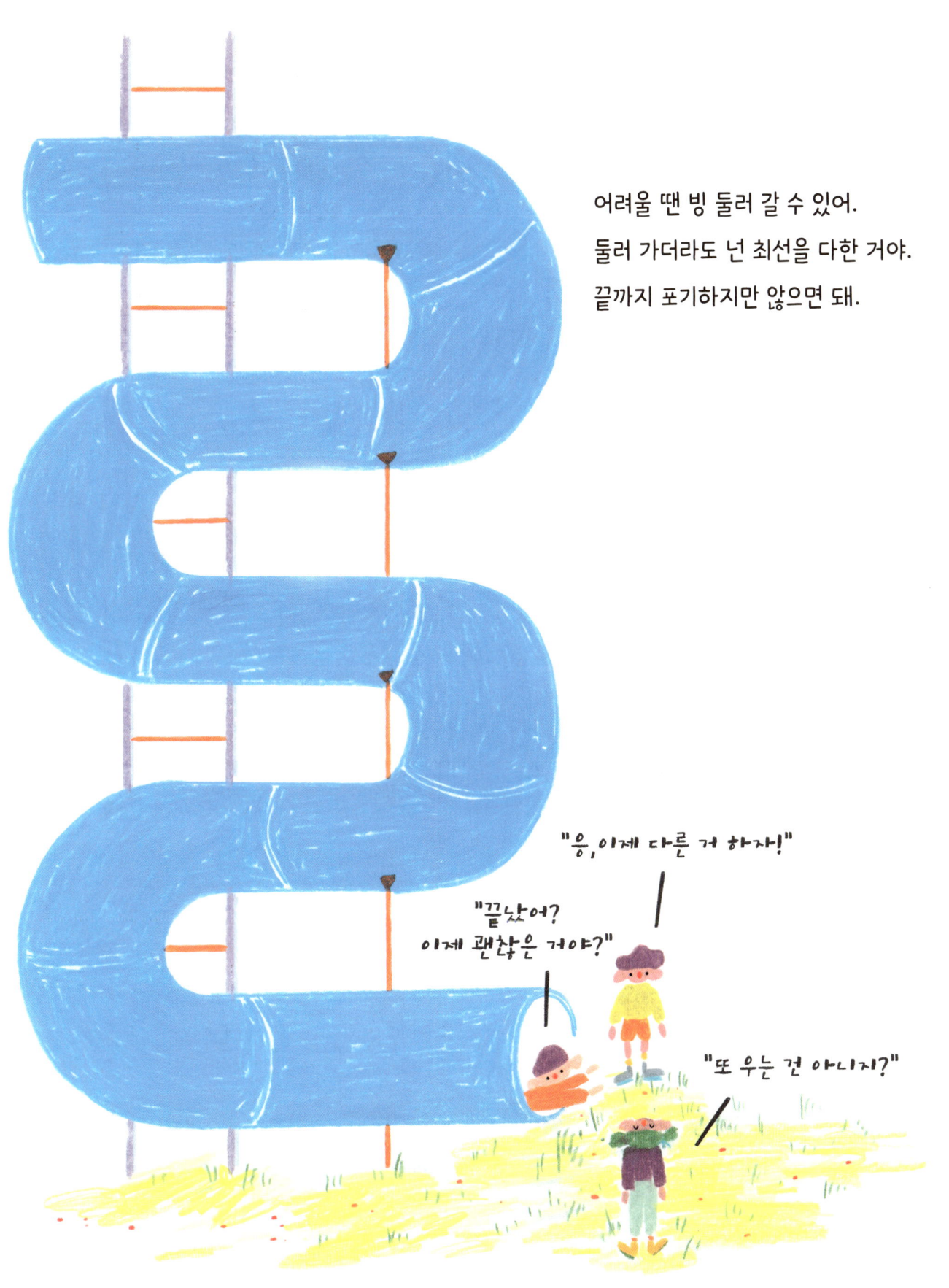

어려울 땐 빙 둘러 갈 수 있어.
둘러 가더라도 넌 최선을 다한 거야.
끝까지 포기하지만 않으면 돼.

어지럽힌 사람이 직접 치우기

케이크는 나눠 먹기

이 정도는 하고 있지?

문제가 생기면 대화로 해결하기

운동장은 모두의 것

물과 휴지는 아껴 쓰기

선생님이나 어른이 부르면 바로 대답하기

도움이 필요한 친구를 모른 척하지 않기

어려운 문제에 당당히 맞서기

6. 지구 지키기

미래에는 지금보다 더 많은 숲이 사라질 수도 있어.
자연을 보호하는 게 얼마나 중요한지 알아야 해.

7. 세상에 관심 가지기

미래의 국회의원이라면 이 정도 숫자는 기억하면 좋겠어.

- 지구가 얼마나 뜨거운지
- 열악한 환경에서 일하는 사람이 얼마나 많은지
- 얼마나 많은 사람이 가난으로 힘겹게 사는지

미래의 국회의원들은 어쩌면 골치 아픈 일들로 쉽사리 못 잘 거야.
잠이 솔솔 잘 오게 차 한 잔을 내어줘야겠어.

"캐모마일, 라임 블로섬, 레몬밤······.
어떤 차로 드릴까요,
미래의 국회의원님?"

8. 튼튼한 몸과 마음 키우기

미래의 국회의원을 위한 다음 특별훈련들에는 아주 깊은 뜻이 담겨 있어.
이 정도는 할 수 있겠지?

- 200미터 이어달리기 (다른 사람에게 배턴 전달하는 방법을 배우려고)
- 100미터 장애물 달리기 (길에 예상하지 못한 장애물이 잔뜩 있으니까)
- 팔굽혀펴기 10개 (힘든 일을 이겨낼 등 근육을 키우려고)
- 스트레칭 15회 (유연한 마음과 생각을 잃지 않으려고)

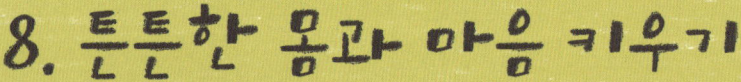

9. 귀 기울여 듣기

미래의 국회의원은 『이상한 나라의 앨리스』에 나오는 앨리스처럼
허무맹랑해 보이는 말들도 귀 기울여 들을 줄 알아야 해.
아주 작은 아이디어도 소중하게 생각하는 마음이 필요하거든.

"모래에 심어도 자랄까?"
"그렇게 믿어야지!"

누군가 "그건 불가능해!"라고 말하더라도,
꼭 맞는 해결책 찾기는 절대 포기하지 마.

10. 민주시민으로 성장하기

미래의 국회의원들은 운동장에서 일어나는 일들을 꼼꼼히 살펴야 해.
운동장에서 친구들과 겪는 일들이야말로
민주시민으로 자라기 위한 연습일테니까.

[Q&A] 조금 더 알아볼까요?

국회의원들은 무슨 일을 하나요?

국회의원은 국민을 대신해 나랏일을 합니다. 국회의원들의 주된 업무는 새로운 법안을 만들거나 필요에 따라 법을 바르게 고치고, 정부가 한 해 동안 나라 살림에 쓸 돈이 얼마나 필요한지 잘 살피고, 어디에 쓸지 결정하는 것이에요. 그리고 국회의원은 정부가 나랏일을 잘하는지 살피고 헌법 재판관처럼 나라의 중요한 일을 할 사람을 뽑을 때 추천하기도 해요. 또한 국회의원은 시민들의 의견을 귀 기울여 듣고 힘든 일이 생긴 곳에 직접 찾아가 봅니다.

우리나라의 국회의원은 모두 몇 명인가요?

대한민국 헌법은 국회의원의 수를 200명 이상으로 하되, 그 수를 법률로 정하도록 하고 있어요. 현재 한국의 국회의원은 300명이고 임기는 4년입니다.

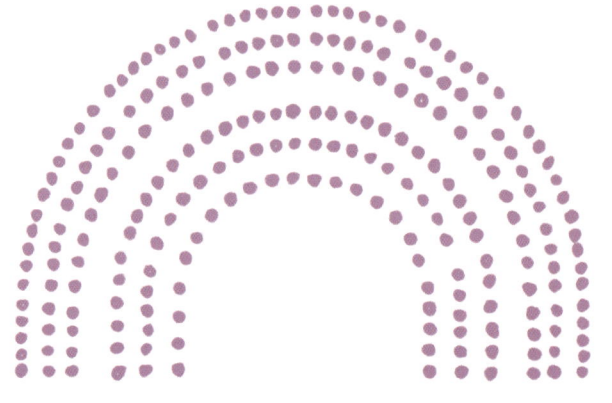

국회의원이 되려면 어떤 자격이 필요한가요?

국회의원이 되기 위한 특별한 자격은 없습니다. 국회의원은 다양한 학력과 직업을 가진 사람들로 구성되는 게 좋아요. 최근 제22대 국회의 경우를 살펴보면, 정당에서 일한 사람이나 정치인들이 가장 많고, 그 다음은 판사, 검사, 변호사처럼 법을 다루던 직업이나 대학교수가 많았어요. 의사나 간호사, 비정규직 노동자, 가수도 국회의원이 되었어요.

방송에 자주 나오는 국회의원들이 모여서 회의하는 방은 어디인가요?

국회의원들이 회의하러 모이는 곳은 국회의사당이에요. 국회의사당에서 가장 유명한 장소는 본회의장입니다. 본회의장은 국회 의장을 향해 둥그렇게 좌석이 놓인 곳으로, 이곳에서 국회의원은 국민을 위한 법을 검토하고 찬성과 반대로 의견을 나눠 법을 만듭니다. 또한 행정부를 대상으로 질문하며 중요한 논의를 합니다. 여기서 행정부는 정부를 뜻합니다.

국회의원의 좌석은 정해져 있나요?

국회 본회의장에서 국회의원은 소속 정당에 따라 모여 앉습니다. 정당은 뜻을 같이하는 국회의원이 함께하는 단체입니다. 국회의원의 좌석은 국회 사무처가 각 정당의 원내 대표의 의견을 들어 정하는데, 보통 가장 수가 많은 정당이 왼쪽에, 그다음으로 수가 많은 정당이 오른쪽에 앉습니다. 그리고 처음 선출된 국회의원들이 앞쪽에 앉는 것이 일반적입니다.

국회의원들은 회의에 얼마나 자주 참여하나요?

국회법에 따라 국회는 매년 국회 운영 기본 일정을 정하는데, 100일의 정기 회의와 30일 이내의 임시 회의가 자주 열려서 공휴일 외엔 거의 매일 출근해야 합니다.

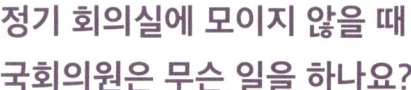

정기 회의실에 모이지 않을 때 국회의원은 무슨 일을 하나요?

국회의원은 본회의 외에도 여러 회의에 참여합니다. 법, 정치, 교육처럼 전문 분야별로 나누어진 17개의 상임위원회에 참여하고, 필요한 문제를 다루려고 잠시 만든 특별위원회에 참여합니다.

국회에서 국회의원의 행동에 관한 규칙이 명시되어 있나요?

대한민국 국회는 국회의 조직과 운영, 회의에 관한 사항을 규정한 국회법에 따라 운영됩니다. 국회의원들은 임기를 시작할 때 "나는 헌법을 준수하고 국민의 자유와 복리의 증진 및 조국의 평화적 통일을 위하여 노력하며, 국가 이익을 우선으로 하여 국회의원의 직무를 양심에 따라 성실히 수행할 것을 국민 앞에 엄숙히 선서합니다."라는 선서를 해야 합니다. 국회의원은 의원으로서 품위를 유지해야 하고 정부나 동료 의원들을 존중해야 합니다. 국회의원은 업무를 볼 때 개인적인 이익을 보려 하면 안 되고 그럴 가능성이 있으면 미리 신고해야 합니다.

국회의원도 결석할 수 있나요?

네, 국회의원도 회의에 결석할 수 있습니다. 다른 국민과 마찬가지로 병에 걸리거나 가족이 사망한 경우 결석이 인정되는데, 다른 나라와 달리 출산이나 육아로 인한 결석은 인정되지 않습니다. 사고로 출석하지 못할 경우 미리 국회 의장에게 신고서를 제출하고 허가를 받아야 합니다. 그 외의 경우에는 결석한 날짜만큼 특별 활동비가 깎이게 됩니다.

국회도 학교처럼 쉬는 시간이 있나요?

학교에서처럼 쉬는 시간이 따로 정해져 있지는 않습니다. 하지만 국회의원들은 학교와는 다르게 본 회의나 위원회 회의 시간에 들어오거나 중간에 나갈 수 있어요. 또한, 학교처럼 쉬는 시간이 있지는 않지만 투표가 시작될 때는 국회 의장이 미리 알려 줍니다. 방을 빠져나가 있더라도 얼른 자리로 돌아올 수 있도록 말이죠. 국회 의장은 국회를 대표하는 국회의원입니다.

국회의원은 선물을 받아도 되나요?
(예를 들어, 법안을 빨리 통과시켜달라는 목적의 선물)

국회의원은 특정인에게 혜택을 주기 위한 목적으로 선물을 받아서는 안 됩니다. 의회의 독립성을 해치는 일이며, 불법이기 때문입니다. 임무 수행 중에 초대나 제안을 받을 수는 있으나 모두가 알 수 있도록 반드시 알려야 하죠. 국회의원은 '청탁금지법'에 따라 1회에 100만 원 또는 1년에 300만 원을 초과하는 금품 등을 받거나 요구해서는 안 됩니다.

국회의원은 모두 같은 월급을 받나요?

네, 국회의원은 법률이 정하는 바에 따라 입법 활동비, 특별 활동비, 정책 개발비 등의 수당과 여비를 받습니다(국회의장과 부의장의 수당이 조금 더 많습니다). 그리고 국회의원의 활동을 보좌할 보좌진의 임금과 수당도 지원받습니다. 그리고 출장을 갈 때는 공무원과 동일하게 출장비를 받습니다.

국회의원이 다른 직업을 가져도 되나요?

국회의원은 국회법에 따라 국무총리나 장관 외에 돈을 벌기 위한 다른 직업을 가져서는 안 됩니다. 다만 나라를 돕는 명예로운 일이나 자기 땅이나 건물을 빌려주는 일처럼 국회의원 일에 방해가 되지 않는 경우에는 가능합니다. 국무총리는 대통령의 옆에서 일을 돕고 대통령의 명령을 받아 여러 행정부를 운영합니다. 장관은 교육, 보건처럼 행정부에 소속되어 나랏일을 책임지고 하는 우두머리입니다.

국회의원들은 서로 친구인가요? 일이 끝나도 만나요?

친구인 경우도 있습니다. 또한 다른 정당에 속한 국회의원끼리 친구인 경우도 흔합니다. 서로 다른 정당의 국회의원들이 연구 단체를 만들어 관련 정책을 연구하면 국회의 지원을 받을 수도 있어요. 같은 정당의 처음 당선된 의원들이 초선 모임을 만들기도 하고, 의원들이 지역축제나 행사에 참여해 인사말을 하기도 합니다. 국회에서 영화나 뮤지컬, 콘서트가 열리기도 한답니다.

어린이들도 국회의원 회의를 참관할 수 있나요?

네, 국회 본회의는 누구나 참관이 가능합니다. 국회 통합 예약 사이트(https://reservation.assembly.go.kr)에서 90일 전부터 하루 전날까지 예약할 수 있고 당일 예약은 불가능합니다. 연령 제한은 없고 사진이 부착된 학생증이나 청소년증을 가지고 가야 합니다. 반 친구들과 함께 참관하고 싶다면 담임 선생님께 신청을 부탁해 보세요.

더 알고 싶나요? 국회 홈페이지로 오세요.
https://www.assembly.go.kr/portal/main/main.do

글 이사벨 미뉴스 마르틴스

포르투갈의 리스본에서 4월 25일 카네이션 혁명 며칠 뒤에 태어났습니다. 미술대학에서 커뮤니케이션 디자인을 공부하고, 1999년 젊은 화가들과 모든 연령의 독자를 위한 일러스트 책을 출간하는 플라네타 탄제리나(Planeta Tangerina) 출판사를 설립했습니다.

"여러분과 마찬가지로 저도 국회의원들이 못마땅할 때가 있어요. 하지만, 예를 들어 어떤 사람들이 "국회의원들이 팽팽 놀기만 하잖아요!"라고 말하는 것도 옳지 않다고 생각해요. 좋은 국회의원들이 나오려면 우리가 그들의 일에 주의를 기울이고, 유능한 사람들은 칭찬해야 해요. 이것이야말로 우리 중 가장 뛰어난 사람만 의석을 차지하게 할 최선의 방법이죠. 제 꿈이랍니다."

그림 카롤리나 셀라스

산으로 둘러싸이고 작은 새들이 많이 사는 포르투갈의 비제우에서 태어났습니다. 아베이루 대학에서 디자인을 전공하고, 런던 왕립예술대학에서 시각커뮤니케이션 석사 학위를 취득했습니다. 여러 종류의 재료를 혼합한 일러스트 작업을 하며 모든 연령의 독자가 읽을 책을 만들고 있습니다. 픽션과 현실 사이를 자유롭게 오가며 유머 및 자연적 공간적 요소를 사용한 섬세한 초현실주의를 넘나드는 작업을 합니다.

옮김 김여진

서울의 초등학교에서 아이들을 가르치며 '좋아서하는어린이책연구회' 운영진으로 매달 어린이책 애호가들과 깊이 교류하고 있습니다. 『어서 오세요, 남산 호텔로!』, 『학교 가기 전날』, 『소녀들에게는 사생활이 필요해』, 『그림책 한 문장 따라 쓰기 100』, 『정리하는 어린이』를 썼고, 『나는 ( ) 사람이에요』, 『달팽이 헨리』, 『선생님을 만나서』 등을 번역했습니다. 창작이 일상을 지탱하는 힘이라고 믿으며 삽니다.
@zorba_the_green

감수 하승우

대학에서 정치학을 전공하고 박사학위를 받았습니다. 함께 모여서 얘기 나누고 책도 읽고 같이 결정을 내리는 과정을 좋아합니다. 억울한 일에는 함께 목소리도 내고 권리를 보장받기 위해 요구하기도 합니다. 그런 과정에서 느끼는 즐거움을 혼자 누릴 수 없어 정치와 권리에 관한 책을 쓰며 고민을 나누고 있습니다. 지은 책으로는 『공정함 쫌 아는 10대』, 『탈성장 쫌 아는 10대』, 『선거 쫌 아는 10대』, 『시민불복종 쫌 아는 10대』, 『최저임금 쫌 아는 10대』, 『리바이어던』, 『괴물도 하는 민주주의』 등이 있습니다.